UN CAMPEMENT DE CHERCHEURS D'OR AU KLONDYKE.

LES RÉGIONS AURIFÈRES DU YOUKON

I

Au nord-ouest de l'Amérique septentrionale, entre l'océan Arctique et l'océan Pacifique, d'une part, entre la mer de Behring et le territoire nord-ouest de la Colombie britannique, d'autre part, s'étend une vaste péninsule occupant, avec les îles Aléoutiennes qui en dépendent, une superficie de plus d'un million et demi de kilomètres carrés (environ trois fois la France). C'est l'Alaska, immense région ressemblant au district pelletier du Mackenzie qui l'avoisine à l'est et, comme lui, couverte de forêts de résineux, de steppes de maskegs (lichens) et de marais. Des monts volcaniques la coupent en diagonales parallèles reliant la chaîne

ÉTIENNE RICHET.

des Rocheuses (Rocky mountains) au promontoire Roumiantzeff, qui se prolonge sous les eaux du détroit de Behring, pour joindre l'Amérique à l'Asie. Au sud-est de cette contrée se développe, à proximité de la côte du Pacifique, le Coast-Range ou Chilkoot, dont les hauteurs, chargées de neige et de glaciers, varient de 3,000 à près de 6,000 mètres d'altitude (mont Lapérouse, 3,440 mètres: Crillon, 5,000; Saint-Élie, 5,882) (1). Au sud-ouest se dressent, à 1,200 mètres de haut, les monts Kaiyus et, plus au nord, les monts du Youkon, le fleuve de même nom traçant son cours vers la mer entre ceux-ci et ceux-là. Parfois les contreforts arrivent tout près de ses bords, en donnant au paysage un aspect sauvage, à la fois grandiose et poétique. Le Youkon arrose tout le pays. Les ndiens l'appellent aussi Kwi-Pak (la grande rivière) et Nakotchôtitsig. C'est l'une des plus puissantes artères fluviales de l'Amérique : sa longueur atteint 3,290 kilomètres, et son bassin mesure une superficie de 1 million de kilomètres carrés. Navigable à 3,000 kilomètres de ses cinq bouches, il déverse dans la baie de Norton, endentation formée par la mer de Behring, un tiers de plus d'eau que le Mississipi n'en fournit au golfe du Mexique. Son estuaire dessine un grand delta en avant duquel sont couchés des bancs de sable, ou bien se trouvent des cluses qui rendent l'approche dangereuse aux bâtiments à vapeur et obligent ces derniers, arrivant de Victoria (Vancouver), à jeter l'ancre à Saint-Michel, port situé à 35 milles de l'embouchure du Youkon (2). Il n'y a guère plus d'une trentaine d'années que ce fleuve est connu des géographes, qu'il a un tracé à peu près correct sur les cartes, et qu'il a été exploré entièrement en remontant jusqu'à ses deux sources.

La population de l'Alaska était évaluée, en 1890, à 31,795 habitants, dont 23,274 Indiens, et 2,287 appartenant à la race mongolique Les Indiens se divisent en Esquimaux (Inuits), au nombre de 12,781; Thlinkites (4,790); Athabaskiens (3,441); Aléoutiens (968); Tsunpséans (952) et Hydas (392). La région est extraordinairement riche en métaux précieux : or et argent, en fer et cuivre. D'importants gisements de charbon, mais d'une qualité médiocre, s'offrent à l'exploitation principalement au sudest. Là aussi, dans la vallée du Youkon, le sapin, le cèdre jaune ont de quatre à six pieds de diamètre et jusqu'à 50 mètres de haut; ailleurs. il est vrai, par exemple au nord, les proportions diminuent beaucoup. Comme dans le pays du Mackenzie, la chasse a été lóngtemps la véritable richesse des habitants, qui y ont joint la pêche, ou plus exactement la tuerie en masse des phoques (3). Mais ces ressources ne se trouvent

---

(1) Ces altitudes ne sont connues qu'approximativement. Suivant certains géographes, celle du Saint-Elie ne serait que de 4,562 mètres. Rappelons que le premier qui ait atteint le sommet de cette montagne est le prince italien Louis, duc des Abruzzes; il en fit l'ascension le 7 juillet 1897. « Le Saint-Elie, dit M. Lanier, doit sa beauté imposante à sa pyramide émergeant d'une ceinture de glace. A sa base s'étendent des marécages, des tourbières ou des forêts; sur ses flancs se creusent des vallées où s'épanchent d'énormes glaciers, comme ceux de Tindall, de Guyot et d'Agassiz, ou comme le Muir, dont le débit annuel est évalué à près de quatre millions de mètres cubes de glace. » (C. S.)

(2) C'est à Saint-Michel que les bateaux de rivière à vapeur embarquent les passagers et les marchandises pour le haut Youkon. (C. S.)

(3) La question des pêcheries de phoques dans la mer de Behring a amené des difficultés entre Anglais et Américains, aplanies en 1893. Lorsque les Russes possédaient l'Alaska, après avoir revendiqué des droits de juridiction dans la mer de Behring, ils consentirent, par les traités de 1824 avec les États-Unis et

que dans certaines parties de l'Alaska. Au reste le climat y est terrible. La température s'y abaisse jusqu'à — 50 degrés (1), et là où les chaînes de montagnes servent d'abri contre les vents polaires, les pluies, presque continuelles et durant au moins les deux tiers de l'année, sont glaciales.

L'Alaska, particulièrement au sud, réserve au voyageur des surprises tout à fait inattendues et pittoresques, s'il n'y séjourne que pendant la courte saison d'été, sur la côte sud-est, où les monts avec leurs cimes neigeuses s'empanachent, en leur fière majesté, de nuages blancs qui paraissent immobiles. Les forêts épaisses, les îlots innombrables avec leur verdure qu'on croirait éternelle, les glaciers, réflétant les magiques couleurs cristallines du prisme, et retombant, à intervalles, en avalanches avec un bruit formidable dans la mer où elles plongent à cent brasses de profondeur, les banquises, dont on ne fait le tour qu'en plusieurs milles de navigation, les mirages merveilleux et inexpliqués qui, au-dessus des nuées, dessinent tout à coup, dans les longues journées, l'image fictive d'une ville, avec ses églises, ses promenades, et offrent cette illusion aux regards durant une demi-heure, tout concourt à augmenter l'étonnement et l'admiration de l'observateur. Et l'on comprend l'orgueil des Indiens disant aux Européens, en parlant de leur pays : « Nous ne sommes pas des sauvages, nous sommes les gardiens des trésors du Youkon. »

Ces trésors sont aujourd'hui convoités par des milliers d'hommes partant de tous les points du globe qui vont, tels les anciens Argonautes, vers cette conquête de la nouvelle Toison d'or.

II

Ils y furent précédés, à partir du dix-septième siècle, par des aventuriers non moins hardis qu'eux. Ces premiers pionniers étaient des Cosaques qui pénétrèrent dans cette contrée, mais n'en soupçonnèrent pas l'importance. Cependant Pierre le Grand se souvint, environ cent ans plus tard, de leur découverte, dont le récit avait été conservé, et chargea quelques marins russes de contourner les côtes de la mer Glaciale, en partant du sud de la Sibérie. La mort du tsar interrompit cette entreprise, mais l'impératrice Catherine la reprit en confiant l'expédition au danois Behring, qui, avec son lieutenant Tschirikof, explora la presqu'île du Kamtchatka et les îles avec la mer avoisinantes, aborda ensuite à la côte américaine, reconnut le mont Saint-Élie et prit possession du terri-

de 1825 avec l'Angleterre, à n'exercer leur juridiction exclusive qu'à une portée de canon de la côte.

Les Etats-Unis, en devenant possesseurs de l'Alaska, en 1867, voulurent assimiler la mer de Behring à une mer intérieure et y défendre la pêche aux autres nations. En 1889, ils la déclarèrent fermée ; d'où protestations de l'Angleterre, aboutissant à la convention provisoire de Washington (29 février 1892), qui suspendit la pêche jusqu'à réglementation par un arbitrage.

Le tribunal arbitral international, réuni à Paris, rendit, le 15 août 1893, une sentence contre les prétentions américaines, déclara les eaux libres à une distance de trois milles géographiques de la côte, mais indiqua des restrictions à la pêche des phoques, pour empêcher la disparition à brève échéance de ces animaux. (C. S.)

(1) Au Klondyke, on constate en janvier une température s'abaissant jusqu'à — 56 degrés 1/2, avec un maximum de + 28 degrés en juin.

toire au nom de la Russie. Le froid et le scorbut le tuèrent, et presque tous ses compagnons y succombèrent. Trente-cinq ans après, en 1774, le capitaine Cook, puis, en 1786, Lapérouse, visitèrent les côtes de l'Alaska, sans songer à y fonder des établissements, tous deux considérant ces côtes sablonneuses comme vouées à un éternel oubli, à cause de leur désolation. Les navigateurs russes Kotzebüe, Lutke, Billing, Krusenstern, Wrangel, ne partagèrent pas cette opinion. Dès 1799, au reste, les Moscovites avaient fondé des comptoirs pour le commerce des fourrures dans l'Alaska, en y cherchant, mais sans succès, des voies de navigation pour faciliter le trafic. Celui-ci ne dépassa point 1 ou 2 millions de roubles (4 ou 8 millions de francs) par an, et les comptoirs se virent fréquemment attaqués par les Indiens. Cependant les Russes persévérèrent, et, en 1824, ils avaient déjà des établissements au confluent de la rivière Porcupine avec la rivière Lewis. La Compagnie de la baie d'Hudson, qui, de son côté, s'était avancée d'étape en étape jusqu'au même confluent, arriva ainsi aux possessions russes, où il lui fut permis, en 1839, de se fixer également moyennant une redevance de 2,000 peaux de loutre, et de bâtir le fort Youkon. La Compagnie russe n'avait construit de poste commercial qu'à Nulato et à Anvïk : elle n'exploitait que les forêts pour les bois de construction, et se bornait, en outre, à recueillir l'ivoire fossile et à tirer parti des pelleteries. Les Américains suivaient attentivement ces opérations. Ils s'empressèrent d'accepter l'offre que leur firent les Russes, en 1867, de leur céder leurs terres d'Amérique, soit 45,000 lieues carrees, moyennant une indemnité de 7,200,000 dollars (36 millions de francs environ). L'Amérique russe, acquise dans ces conditions par les États-Unis, prit, à partir de ce moment, la dénomination d'Alaska, dérivée de la presqu'île Ounalaska (1).

III

Des légendes indiennes racontaient vaguement qu'il y avait de l'or dans l'Alaska. Les Russes n'en tinrent, à vrai dire, pas grand compte, et la preuve de leur ignorance ou de leur indifférence pour l'existence du métal précieux dans cette région, c'est qu'aussitôt entrés en possession du cours inférieur de l'Amour et de ses affluents méridionaux, ils ne s'occupèrent plus que de se débarrasser de la contrée glacée arrosée par le Youkon. Les États-Unis, plus avisés, après avoir acheté ce désert de neiges et de glaces, avec tout ce qu'il pouvait contenir, y commencèrent des travaux miniers. Au bout de quelque temps, ils découvrirent de l'or, chose peu aisée sous un climat aussi rigoureux qui rend, pendant de nombreux mois, le travail impraticable. M. Seward, sous-secrétaire d'État de l'extérieur, qui avait été le promoteur du marché avec les Russes, fut longtemps l'objet des railleries de ses compatriotes, ceux-ci

(1) Au temps de la domination russe, une convention du 28 février 1825 avait fixé la frontière russo-anglaise au 143° 20′ long. O. de Paris, de l'océan Arctique au mont Saint-Elie; la frontière devait se tenir à 56 kilomètres de la côte et aboutir finalement à cette côte par 54° 40′ lat. N. Par la convention de cession du 30 mars 1867, les Etats-Unis acceptèrent la délimitation de 1825.
Malgré cela, il subsiste encore aujourd'hui des malentendus territoriaux dans cette région, notamment en ce qui concerne le lac Bennett et Dyea (1898). (C. S.)

croyant l'affaire on ne peut plus mauvaise. Aux sarcasmes il répondit par des faits, et le rapport de 1895 sur l'Alaska démontra que ses prévisions n'avaient pas été erronées. En effet, l'Alaska avait, au cours de cet exercice et depuis son acquisition, c'est-à-dire en vingt-huit ans, rapporté à l'exploitation américaine une valeur totale de 84,500,000 dollars (près d'un demi-milliard de francs) représentés par 53 millions de dollars en

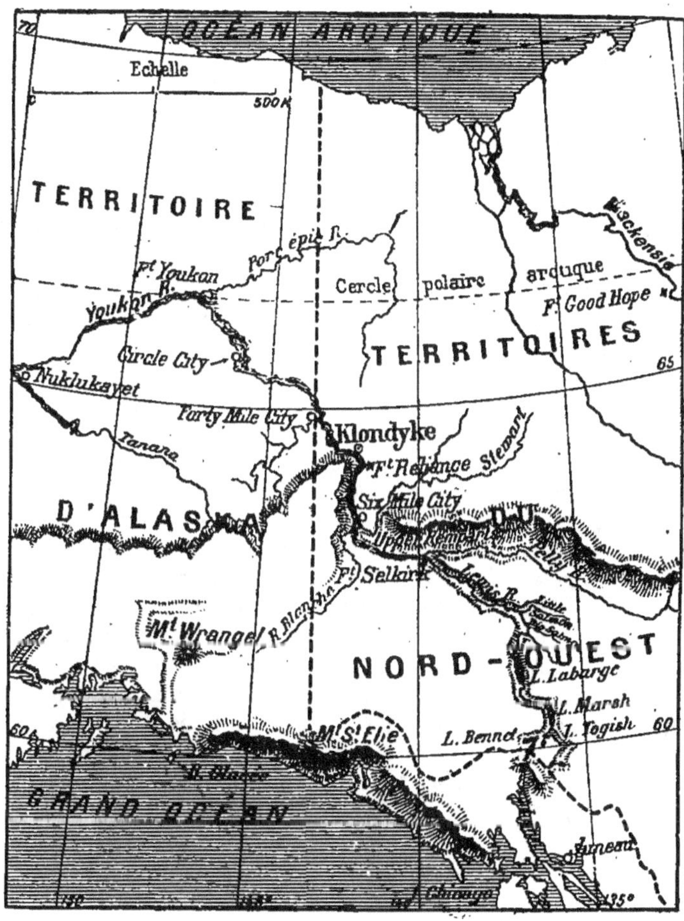

RÉGION DU YOUKON.

pelleteries, 10 millions en conserves de saumon, 10 millions en fanons de baleine, 3 millions en huile de baleine, 800,000 en saumon salé, 160,000 en ivoire fossile, 1 million en morue sèche (stockfish) et 6 millions en or et argent.

IV

Les Anglais du Canada, établis sur les confins de l'Alaska, dans la région baignée par la Lewis, la Pelly, le haut Youkon, de Fort-Selkirk à

Fort-Youkon, n'avaient pas négligé, eux aussi, de se livrer à des examens géologiques de ces terrains. Ils y étaient d'autant plus entraînés que les mines d'or de la Colombie, et, en particulier, les placers du Caribou, qui produisirent plusieurs centaines de millions de 1858 à 1882, démontraient que le sol de toute cette contrée était aurifère. Les rapports sur l'Amérique russe confirmèrent ces données. Ceux des États-Unis, en possession de l'Alaska, en accrurent encore la certitude. Aussi les « prospecteurs » se rendirent-ils avec empressement de William's-Creek au Youkon.

Il y avait, en août 1896, quatre ans que Robert Henderson, de la Nouvelle-Écosse, prospectait dans l'Indian-Creek, tributaire du Youkon. quand il se trouva par hasard auprès d'un autre petit cours d'eau connu depuis sous le nom de Goldbottom (Fond d'or). Il espérait y avoir les même succès qu'à Indian-Creek, que la crue des eaux l'avait obligé à quitter. Il parvint, au bout de quelque temps, à constater la présence de l'or en petite quantité dans ce lit et y disposa un sluice (1) ou deux. Mais il ne put continuer ses travaux, faute d'outillage et partit pour Fort-Ogilvie, un peu au nord du confluent du Stewart et du Youkon, à quelques milles de Fort-Selkirk. Là il fit part de sa découverte à un autre prospecteur, Joseph Ladue, qui se hâta d'embaucher deux hommes et partit pour Gold-Bottom, en emmenant quatre chevaux. Entre temps, Henderson avait suivi le Youkon à la dérive sur une petite barque jusqu'au confluent de la rivière Klondyke avec le fleuve. En cet endroit, il rencontra un vieil ami, George Mc. Cormack, Écossais comme lui, qui pêchait du saumon. Henderson et Mc. Cormack allèrent ensemble au Gold-Bottom, où ils s'assurèrent un claim, autour duquel ils prospectèrent, puis revinrent à travers le pays sur une distance de vingt milles jusqu'au confluent du Klondyke. Mc. Cormack se détacha de son compagnon, et, ayant avec lui deux Indiens du Chilkoot qui connaissaient bien la contrée, il se dirigea vers Bonanza-Creek. Là il tomba sur un champ aurifère qui, en trois jours, leur donna 120 dollars d'or, pour ainsi dire ramassé à la pelle. En vertu des lois canadiennes il put y acquérir deux claims pour lui et un pour chacun des Indiens. Cela fait et sûrs de leurs droits, ils retournèrent à Ogilvie, où la nouvelle de leur trouvaille ne tarda pas à se répandre. La Bonanza fut, dès ce jour, le nouvel Eldorado. Il n'y eut plus qu'un rush vers le Klondyke, où l'on savait que Mc. Cormark, dès son installation définitive sur son claim, quelques semaines après avoir fait des provisions à Ogilvie, avait lavé jusqu'à 1,200 dollars d'or en une semaine (2).

V

La partie la plus explorée de l'Alaska est le sud-est. C'est là que sont les deux principaux centres de population : 1° Sitka (autrefois Nouvelle Arkhangelsk), siège du gouvernement territorial nord-américain, et ville de 8,000 habitants, dans l'île Baranof, dont le port, avec ses îlots grands et

(1) Le *sluice* est une construction en bois qui sert à capter les eaux. (C. S.)
(2) En 1896, on avait extrait du Youkon pour un million et demi de francs d'or. (C. S.)

petits, rappelle la baie de Rio-Janeiro ; 2° Juneau, qui, en face des îles Douglas, où sont les plus grands placers du monde (les Treadwell-Mines), compte déjà 9,000 habitants et doit sa prospérité croissante aux haltes des laveurs d'or en route pour l'intérieur. Sitka et Juneau sont situées dans la région entre Fort-Wrangel et Fort-Selkirk. Au nord de ce dernier poste et sur le Youkon, depuis le confluent avec le Lewis-River jusqu'au confluent avec le Porcupine à Fort-Youkon, qui est à égale distance du détroit de Behring et du fort Good-Hope, principal point de ravitaillement des pêcheurs du district de Mackenzie, se sont établies en ces trois ou quatre dernières années deux autres villes auxquelles le rush vers le Klondyke donnera bientôt une importance considérable : Circle-City, en pays américain, ainsi appelée à cause de sa situation dans le cercle polaire, et actuellement occupée par 2,000 laveurs d'or ; puis Dawson-City, créée en territoire canadien en juin 1897, par Joseph Ladue, sur la rive est du Youkon, à 1,726 milles anglais de l'embouchure du fleuve et à l'endroit même où la rivière Klondyke lui apporte son tribut. Entre Dawson-City et Fort-Selkirk sont les fameuses criques aurifères : Bonanza-Creek, El Dorado-Creek, Horse-Shoe-Creek, Sulphur-Creek et Dawson-City, où il y avait, en septembre 1897, près de 6,000 chercheurs d'or, prospecteurs, diggers et laveurs.

<h2 style="text-align:center">VI</h2>

D'où vient l'or du Klondyke ? Probablement d'une veine mère recélée dans le quartz rocheux. Les prospecteurs les plus hardis la retrouveront sans doute un jour en fouillant, sur les hauteurs, la contrée comprise entre le mont Saint-Élie et le haut Youkon, car il est évident que les pépites ramassées dans les criques aurifères y ont été apportées par le lent travail de la nature à travers les âges. La nature, grâce aux vents, aux avalanches, aux tourmentes, aux pluies, à la foudre, arrache les quartiers de rochers, les pousse en dévalant jusqu'aux glaciers qui les broient, les réduisent en poudre, et celle-ci est charriée par les eaux jusqu'aux criques où elle s'accumule dans les roches. Là se poursuit l'œuvre mystérieuse, les dépôts d'or se mêlent aux sables, formant peu à peu un conglomérat ou, suivant l'expression scientifique, un poudding, état intermédiaire entre la poudre et la pépite dans les placers et dans la veine mère. Le conglomérat, descendant plus bas par la force de la pesanteur, s'enfonce dans le gravier du lit de la rivière, s'y pétrifie, y devient minerai.

Au Klondyke, il n'affecte pas encore cette dernière formation. Le laveur d'or le surprend à la descente, de même qu'il tentera de le découvrir au sein de la veine mère, comme il a fait ailleurs, depuis cinquante ans. Il n'y a, en effet, qu'un demi-siècle qu'en différents points du globe l'audace humaine s'est rendue maîtresse des trésors accumulés par la nature, et en ces cinquante années, l'Australasie, le Transvaal, les États-Unis d'Amérique, l'Empire russe, d'autres contrées ont fourni une production d'or qui atteint des milliards. La Californie en 1847, la Nevada en 1849, le Nicaragua en 1850, la Nouvelle-Galles du Sud et la Nouvelle-Zélande en 1851, Victoria et le sud de l'Australie en 1852, la Colombie

britannique en 1856 et 1857, le Pike's-Peak en 1858, le Comstok-Lode
en 1859, le Montana en 1862, le Yellow-Jacket en 1864, le Callao en 1866,
le Karaka en 1867, l'Euréka en 1869, le Murchison en 1870, Strickeen-
River en 1875 et 1876, Mount-Morgan dans le Queensland en 1883,
l'Afrique australe, le Cap, Witwaterstrand en 1884, 1885, le Mashonaland
en 1891 et 1892, le Waïl-Creek en 1894, le Klondyke en 1896 et 1897, telles
sont les étapes successives de ces entreprises, qui ne lassent ni l'espoir ni
la convoitise, et qui montrent combien, depuis Horace, s'est accrue la
témérité de la race de Japhet (1).

VII

L'auteur des pages qu'on lira plus loin, M. Étienne Richet, est un de
nos jeunes voyageurs français les plus intrépides. Non content d'avoir
visité les principaux pays d'Europe, il a parcouru le nord des États-Unis,
le Canada, la Colombie anglaise, l'Alaska. Son séjour au Klondyke lui a
permis de voir de près les chercheurs d'or, d'étudier leurs mœurs, d'être
témoin de leurs rêves et de leurs déceptions souvent cruelles. D'une
ancienne famille de Guyenne qui se distingua dans la magistrature et
dans les armes, il se voua de bonne heure aux lettres. A dix-huit ans il
avait déjà publié un volume de vers, *Caprices*, qui fut remarqué. Le roman,
le théâtre lui assurèrent d'autres succès. Mais son tempérament se por-
tait surtout vers l'exploration des régions lointaines. Poète, il cède à
l'aimant de l'inconnu.

De là ses expéditions déjà accomplies, dont le récit est non seulement
attachant, mais vécu.

Charles SIMOND.

(1) Il est bon d'insister ici sur ce fait que, si l'or existe sur une grande partie
du territoire américain de l'Alaska, la principale région aurifère actuellement
le point de mire des pionniers, celle du Klondyke, est entièrement sur le sol
britannique. Mais la route que l'on suit généralement pour s'y rendre,
passe par le territoire des États-Unis, entre la côte et la passe de White.

Aussi les États-Unis ont-ils établi des barrières douanières sur cette route,
de manière à s'assurer une part des avantages espérés par le chercheur d'or,
même avant l'arrivée de celui-ci aux lieux où gît le précieux métal. (C. S.)

LE PORT DE SITKA.

AU KLONDYKE

Dans l'île de Vancouver.

J'étais avec MM. de Parpeix et Fournier, à Victoria, lorsque M. Dubray et l'ingénieur américain W. Thorp vinrent nous rejoindre. La fièvre de l'or commençait à sévir. La capitale de l'île de Vancouver semblait depuis quelques semaines un de ces camps de mineurs qu'on voyait surgir d'ici de là, en Californie, vers 1850. Dans les bars, nous rencontrions des groupes d'aventuriers, aux costumes les plus disparates, discutant sur la valeur des différentes routes qui mènent au Klondyke. Au coin des rues étaient groupés, dans une promiscuité qui ne manquait pas de pittoresque, chevaux de bât, bagages et provisions.

— Pourquoi n'irions-nous pas au Klondyke? dit un soir M. Dubray. Nous sommes sur la route. La saison est propice. La plupart des *claims* demeurent inexploités, faute de bras. Nous avons la chance de devenir millionnaires à bref délai, et si le sort ne nous favorise pas, nous ferons, en tout cas, une expédition magnifique.

Le jeune explorateur n'a pas à plaider longtemps une cause gagnée. Nous voulons tenter l'aventure.

Trois routes s'offrent à nous : gagner Edmonton, dans la Colombie anglaise (1); de là, descendre la Mackenzie et les rivières secon-

(1) Edmonton est sur la rivière Saskatchewan, au nord de l'Etat américain d'Idaho.

daires sur un parcours de 2,182 milles. La distance totale d'Edmonton au Klondyke étant exactement de 2,458 milles, il ne faut guère plus de deux mois pour accomplir le voyage. Mais, par contre, une grande partie du pays est totalemeut inexplorée, et nous courons le risque d'être assassinés pendant le trajet.

Le deuxième itinéraire consiste à nous rendre par mer jusqu'à l'embouchure du Youkon, et à remonter ensuite le cours du fleuve jusqu'au point où il cesse d'être navigable. Si cette route est la plus simple, au printemps, elle est aussi la plus dispendieuse.

Celle de Victoria à Juneau-City, qu'a suivie M. Dawson, puis, après lui, M. Ogilvie, chargé de tracer la délimitation entre l'Alaska et le Canada, est la plus pratique. De Juneau-City on gagne la *White-pass*, le lac Bennett, les rapides de *White horse*, le lac Labarge, et l'on descend la rivière Lewis jusqu'à l'ancien fort Selkuk, où elle se jette dans le Youkon, qu'on longe jusqu'à Dawson-City, située presque à l'embouchure de la rivière Klondyke. Cette dernière voie obtient tous nos suffrages. Jusqu'au jour où sera installé un train allant sur la glace, elle restera la meilleure de toutes. Quelque utopiste que puisse paraître le projet d'une locomotive à patins grimpant les pentes escarpées des défilés, il n'en est pas moins pris en considération par le gouvernement américain. M. George Glover a brillamment résolu le problème de la traction sur la neige. Avant la fin de ce siècle, si fécond en inventions diverses, les explorateurs de l'Amérique boréale verront, non sans étonnement, un train escaladant les glaciers, se précipitant dans les gorges profondes des régions arctiques, à une vitesse moyenne de 20 milles à l'heure (1).

Sur les côtes de Colombie.

M. Dubray loue le *Harrison*, yacht à vapeur de trois cents tonneaux, qui doit nous transporter à Juneau-City. Après avoir embarqué des provisions pour six mois, des fourrures, des tentes. des armes, des munitions, des chevaux, et engagé un cuisinier. nègre qui s'appelle « Rodolphe », nous quittons l'île de Vancouver.

Rien n'est plus agréable qu'un voyage en steamer, lorsqu'on ne perd pas la terre de vue. Je ne me lasse pas d'admirer les belles montagnes couvertes de forêts séculaires, qui se déroulent en une longue chaîne le long de la côte du Pacifique, les terres basses chargées d'une riche végétation, dont la verdure contraste avec

(1) Le gouvernement canadien vient de soumettre au parlement d'Ottawa un projet de chemin de fer d'environ 150 milles de longueur, allant de la rivière Stikeen, qui se jette dans l'Océan à Fort-Wrangel, au lac Teslin; de ce point à Dawson, les communications se continueraient par voies fluviales. La compagnie concessionnaire doit établir une route par traîneau de Glenora au lac Teslin; elle recevra une subvention de 25,000 acres de terre. Les travaux sont estimés à 5 millions de dollars. (C. S.)

l'azur des flots, les villages qui se succèdent de loin en loin, et dont les maisons claires se détachent vivement sur le fond pittoresque des pentes boisées.

Il suffit de jeter un coup d'œil sur la carte de la Colombie anglaise, pour reconnaître que ces côtes offrent les découpures les plus capricieuses ; la mer s'enfonce dans les terres, s'y attarde paresseusement, ou en ressort soudain, formant une multitude de baies de toutes dimensions, dans chacune desquelles vient se déverser une rivière.

Au loin, ce sont les forêts antiques, dont il est si difficile de se faire une juste idée quand on ne les a pas vues. La vie s'y mêle à la mort, la végétation la plus majestueuse surgit du sein de la destruction amassée par le temps. Ici, c'est un tronc d'arbre qui barre le passage ; là, l'homme doit ramper sous un autre, qu'un obstacle a arrêté dans sa chute ; plus loin, on trouve un amas d'arbres, renversés sans doute par la tempête. Ils peuvent demeurer pendant des siècles à l'endroit où ils sont tombés, sans que la civilisation essaye de troubler leur repos. La mousse les recouvre, et cache sous un manteau de verdure l'action lente de la décomposition. Souvent, au moment où l'on y pose le pied, ils cèdent sous le poids, et l'on est enseveli au milieu des débris du tronc vermoulu.

On raconte une foule de drames lugubres dont les forêts de Vancouver et de la Colombie anglaise ont été le théâtre ; tout récemment encore des malheureux, incapables de retrouver leur route, ont péri lentement de froid et de faim.

En consultant mon journal de bord, j'y trouve les notes suivantes :

18 avril. — Le vent souffle de l'ouest et vient de la terre, mais le yacht louvoie aisément entre les deux côtes, où la mer est relativement calme. Enfin, nous apercevons Juneau-City. C'est une petite ville de deux mille cinq cents habitants, blottie au fond d'une baie pittoresque que protège une série d'îles, et dont la profondeur suffit pour les steamers d'un fort tonnage. Elle est bâtie au pied d'une montagne qui se dresse perpendiculairement, formant ainsi un fond pittoresque. Au delà, on aperçoit une douzaine de cottages, puis la forêt, à l'entrée de laquelle se trouve une promenade fort agréable.

Juneau est incontestablement la ville du monde où il tombe le plus d'eau ; les pluies cessent seulement à l'approche de la neige, et si, par hasard, on a pendant l'été quelques semaines de beau temps, la fièvre et les affections de poitrine font payer cher aux colons cet avantage passager.

Quant aux rhumatismes, je n'en parle pas ; il va sans dire qu'un séjour prolongé dans un climat pareil les amène en foule à sa suite.

Nous approchons de la *White Pass* (1). La neige commence à fondre; elle forme mille ruisseaux qui coulent doucement à travers les arbres des forêts, et mainte cataracte retentissante retombe en flots

INDIENNE DE L'ALASKA.

d'écume. De temps à autre nous rencontrons des Indiens, couverts de peintures bizarres et enveloppés dans des couvertures de laine grise; de grands anneaux pendent à leur nez. Mais, à cela près, leur costume n'a rien de bien caractéristique; les uns portent une chemise, et point de culotte; les autres, une culotte et point de chemise. Tous sont vêtus, comme nos porteurs, de peaux de bêtes;

(1) A partir de la White Pass, on quitte le territoire américain pour entrer dans celui du Canada, où le voyage se poursuit jusqu'au Klondyke. (C. S.)

A VANCOUVER. — LE DÉPART POUR LE KLONDYKE.

des queues de martre et d'écureuil, attachées autour de ce manteau, forment une frange d'un effet assez pittoresque. Ils se pressent autour de nous quand nous prenons nos repas, et disputent à leurs chiens les débris de notre table : couennes de lard, croûtes de pain, feuilles de thé, etc. Je remarque que nos porteurs ont une singulière façon de tenir les bagages ; ils les placent sur leur dos, mais, au lieu de les fixer aux épaules, ils les assujettissent à leur front à l'aide d'une courroie.

Après cinq jours de marche, nous avons parcouru la plaine, tantôt à cheval, tantôt à pied. Nous prenons pour guides deux Indiens, qui nous conduiront jusqu'au lac Bennett.

Du lac Bennett.

Des montagnes coiffées de neige, des collines arides s'étagent non loin du lac Bennett où nous campons depuis ce matin. Un village groupe ses misérables cabanes sur une langue de terre. On trouve aux environs des vestiges d'habitations souterraines assez bien construites, mais la race qui les a bâties a disparu depuis longtemps.

Quoique les demeures actuelles des indigènes paraissent fort grossières, recouvertes comme elles le sont de lambeaux disparates, peaux de morses, de phoques, de rennes, entremêlées de fragments de voiles, elles témoignent d'une industrie réelle, car sous cette enveloppe peu flatteuse se trouve une charpente disposée avec beaucoup d'art. Les huttes doivent être solides, en effet, pour résister aux intempéries. Ce village, situé sur le promontoire, est exposé à tous les vents ; l'hiver y est très rude, et les indigènes ne peuvent faire de feu, car ils n'ont pas de bois ; des lampes, alimentées par la graisse des animaux, sont le seul chauffage connu dans le pays.

Sur la Lewis River.

La Lewis River a ici une largeur de quatorze cents mètres ; une île s'élève au milieu de son lit à quelque distance de nos tentes ; nous nous y rendons pour y chasser et y pêcher.

Le pays n'est pas aussi dépourvu de ressources que pourrait le faire croire l'inclémence du climat ; mais nous ne pouvons pas régulièrement nous approvisionner ; parfois nous sommes réduits aux fèves et à la farine, parfois nous nageons dans l'abondance ; d'ordinaire, cependant, je dois le reconnaître, nous pouvons voir figurer dans le menu du jour un coq de bruyère ou un plat de poisson ; la chair de renne est plus rare, à peine si nous en avons goûté trois ou quatre fois. Les Indiens nous apportent de temps en temps des lièvres que nous faisons rôtir à la broche ; la fourrure, blanche et douce, nous sert à doubler nos couvertures, et ce n'est pas un luxe inutile dans un pays comme l'Alaska. Il en faut quarante pour une courtepointe ordinaire. Pour nos bêtes de somme, nous réunissons tout ce qui est mangeable, et nous leur fabriquons une soupe avec de l'huile, du poisson, des restes de viande, de riz et du son. Nous leur donnons, parfois même, des fèves que les chiens mangent parfaitement lorsqu'elles ont été bien amollies. On fait cuire lentement ce mélange sur un feu doux, on le laisse un peu refroidir, puis on le verse dans une auge de bois. Les bêtes affamées se pressent autour de cette bouillie et se la disputent avidement jusqu'à ce qu'elles aient avalé la dernière bribe et léché la dernière goutte.

Nous touchons à la fin du « joli mois de mai ». Ce n'est pas la première fois qu'il nous arrive de le passer loin de notre pays et de notre famille. Nous avons résolu de bannir toute idée noire, mais nous ne pouvons y réussir qu'à demi; malgré nos efforts, des expressions de regret et de souvenir se trouvent sans cesse sur nos lèvres. Notre plus belle vaisselle, assiettes, plats, timbales, reflète comme un miroir la clarté de la lampe fumeuse; un grand feu pétille dans le poêle, et le nègre s'est mis à l'œuvre pour nous préparer un repas « extra ». Vains efforts ! nous sommes tristes ce soir. Nous ne pouvons chasser le souvenir des chers absents, nous empêcher de songer à la place que nous laissons vide à notre foyer.

Au moment où nous sommes sur le point de nous rouler dans nos couvertures pour dormir, Rodolphe entre sous notre tente en nous annonçant qu'une aurore boréale (1) commence à paraître dans la direction de l'ouest. Cette nouvelle chasse le sommeil; nous sortons en toute hâte contempler le splendide phénomène Ce n'est pas l'arc si souvent décrit, mais un serpent de lumière, souple, ondoyant, variant sans cesse de forme et de couleur; tantôt il a la teinte douce et pâle des rayons de la lune; tantôt de longues bandes bleues, roses, violettes, se roulent sur ce fond argenté; les scintillations vont de bas en haut et mêlent leur clarté à celles des étoiles brillantes, qu'on aperçoit à travers la vaporeuse spirale. La nuit est calme et merveilleusement belle; le froid, bien qu'assez vif, nous permet cependant d'admirer à l'aise le spectacle magnifique dont nos yeux ne peuvent se détacher. Le thermomètre, en effet, marque seulement 2 degrés au-dessous de zéro.

Bien que la neige couvre le sol et que les rivières soient gelées pendant neuf mois, il n'est pas exact de dire que l'hiver dure tout ce temps. Dès le début de mai, débâcle complète. Il y a déjà quinze jours que les barrières de glace se sont rompues avec fracas, et que les flots de la Lewis River couvrent la surface de glace encore

(1) L'expression d'*aurore boréale* se remplace plus généralement par celle d'*aurore polaire*, car le phénomène a lieu aussi bien vers le pôle Sud que vers le pôle Nord. (C. S.)

JUNEAU.

TREADWELL-MINES (LES PLUS GRANDS PLACERS D'OR DU MONDE).

solide. Tout est désordre et confusion : la glace sale, mêlée de troncs d'arbres et de débris, s'est crevassée en maint endroit ; l'eau s'est précipitée en torrents impétueux. Les moustiques nous ont annoncé leur présence, ce dont nous les dispenserions volontiers, mais le lendemain nous voyons arriver des hôtes bienvenus, les hirondelles, qui se mettent à voler autour du campement en décrivant dans les airs mille courbes capricieuses. Le soleil brille, et nous sommes tous abattus par ce subit changement de température : les traîneaux deviennent inutiles.

La rivière s'est débarrassée du dernier manteau de glace qui la retenait captive ; les fragments, détachés, amollis, descendent son cours avec une vitesse de six ou sept nœuds à l'heure. Le dégel se prolonge plusieurs jours, et nos yeux, fatigués de la monotonie du spectacle vu dans les passes, contemplent avec un plaisir inexprimable ce tableau mouvant. Tantôt les blocs, arrêtés par quelque obstacle, s'entassent les uns sur les autres et forment de blanches montagnes ; tantôt, dans leur course impétueuse, ils broient ou entraînent tout ce qui se trouve sur leur passage : des arbres entiers, des masses de sable arrachées au rivage sont emportées par les eaux, dont le niveau s'élève soudain.

Dire la quantité d'aspects sous lesquels s'est présentée la rivière est chose impossible ; quelques blocs étaient transparents, cristallins, ils étincelaient au soleil comme des montagnes de diamant ; d'autres, à demi fondus, n'avaient guère plus de consistance que de la gélatine ; ceux-ci étaient criblés de trous comme l'intérieur d'une ruche, ceux-là avaient la surface lisse et brillante. Quand un de ces fragments minés par le dégel venait à en rencontrer un autre, il se brisait en mille pièces, avec un bruit assourdissant, pareil à celui d'une centaine de verres et de bouteilles qu'on casserait à la fois. Beaucoup de vase était mêlée à la glace ; bien des teintes jaunes ou grisâtres en altéraient la pureté ; les eaux étaient aussi bourbeuses que celles de la Tamise, mais çà et là des amas de neige immaculée demeuraient encore sur les banquises en miniature ; la plupart des blocs congelés renfermaient des morceaux de bois, quelquefois même des arbres, que la rivière avait emportés l'automne dernier, et que les froids avaient emprisonnés dans un cercueil de glace.

Aux rives du Youkon.

L'activité règne au campement, établi sur les rives du Youkon. Nous allons descendre le fleuve jusqu'à Dawson-City. Il a fallu se pourvoir de marchandises et de provisions, les peser, les emballer, s'assurer que les carabines et les revolvers sont en bon état, fabriquer par douzaines des avirons et des rames. Nos canots sont très ingénieux. Ils deviennent à l'occasion des tentes ou des traîneaux. C'est le dernier cri américain. Le tout ne pèse pas plus de cent cinquante livres et peut s'empaqueter comme ces petites maisons ajustables que certains explorateurs emportent avec eux dans leurs voyages. L'appareil se compose de simples courbes à la fois légères et solides, et de toiles goudronnées dont on fait à volonté ou la quille d'un canot, ou la toiture d'une cabane.

Notre flottille se compose de cinq embarcations. Le Youkon est encombré de morceaux de bois, ce qui rend la navigation fort difficile; nous ne parvenons à nous frayer un passage qu'en nous tenant près de la rive; il nous faut à chaque instant traverser le fleuve, puis le retraverser encore pour chercher les endroits où l'eau est la plus calme; nous avons beau manœuvrer de notre mieux pour ne pas être entraînés, le courant, malgré nos efforts, nous emmène souvent loin de la rive.

Comment décrire la magnificence de ce fleuve plus gigantesque peut-être que le Mississipi! La plume et le pinceau sont également impuissants à en donner une idée. Nous sommes à plus de trois cents lieues de son embouchure, et le Youkon a, d'une rive à l'autre, dix-huit cents mètres; plus bas, il s'étend pour former des lagunes larges parfois de 10 kilomètres et parsemées d'innombrables îlots. M. Dubray, dans un précédent voyage, l'a remonté pendant sept cents lieues, et lorsqu'il s'arrêta, il était encore loin de sa source; quant à ses affluents, chacun d'eux serait, en Europe, un fleuve considérable.

Des rochers de granit mêlé de schiste dressent leurs masses escarpées.; des plantes grimpantes et des fougères entourent leur base d'une ceinture. Nous faisons halte pour prendre une tasse de café. La rive, en pente, est difficile à gravir; nous n'aurions pas choisi ce point de débarquement, mais la nécessité nous l'impose; nous l'escaladons d'un pas agile, le feu est bientôt allumé, le cuisinier va puiser de l'eau à une source voisine et nous prenons de bon appétit notre modeste repas.

Souvent le fleuve décrit des courbes profondes; des blocs de glace, des troncs d'arbres et des morceaux de bois de toute dimension flottent à la surface; le courant est rapide; il faut qu'un homme se tienne à l'avant, armé d'une gaffe, pour repousser les obstacles et empêcher des rencontres fatales à nos petites embarcations. Le canot de M. Fournier vogue à peu de distance du mien; je vois de gros arbres passer dessous, le faire un instant vaciller, puis le soulever hors de l'eau, bien qu'il soit passablement chargé; mais les masses flottantes de glace et de bois, entraînées par le courant avec une vitesse de trois lieues à l'heure, acquièrent une force d'impulsion prodigieuse. Il nous arrive parfois de sentir des blocs enfoncés sous l'eau heurter la quille de nos canots; et c'est là une sensation qui n'a rien d'agréable. En effet, l'état du fleuve défie les efforts du plus habile nageur; entre nous et une mort certaine, il n'y a donc que l'épaisseur des embarcations très légères.

Des bateaux de ce genre ont pourtant des avantages : les pirogues de cèdre seraient bientôt mises en pièces, tandis que nos canots cèdent à la pression des obstacles sans pour cela se briser.

Nous passons devant plusieurs campements indiens ; bientôt

PASSAGE D'UN COURS D'EAU A GUÉ.

nous sommes escortés par une flottille d'embarcations indigènes, composées d'une solide charpente de saule recouverte d'écorce de bouleau ; leur longueur varie de trois à six mètres, suivant qu'elles sont destinées à recevoir une ou trois personnes. Les bandes d'écorce sont cousues ensemble à l'aide de minces racines de sapin et calfatées avec de la résine. Quand les sauvages découvrent une voie d'eau, ils descendent au rivage, allument du feu,

PASSAGE A PIED D'UN RAPIDE.

font chauffer la résine dont ils ont toujours une provision, mettent la barque sens dessus dessous et enduisent la couture avec le baume salutaire devenu presque liquide. Ils se servent habituellement d'une pagaie simple; les doubles, pareilles à celles que les Groënlandais emploient pour manœuvrer leurs *kajacks*, sont fort peu en usage. Dans les bas-fonds, ils n'ont pas du tout recours à la rame, mais simplement à des pieux, et ils se tiennent debout pour les manœuvrer.

Les Indiens se sont approvisionnés d'un peu de viande; mais ils comptent surtout sur les hasards de la route pour se procurer les vivres dont ils ont besoin. Ils entourent notre camp, jetant sur les bagages des regards avides. Nous feignons de ne pas nous en apercevoir, car nous nous sommes fait une loi de ne rien donner qu'à ceux qui nous rendent des services. Le nombre en est plus grand qu'on ne pourrait croire. Les indigènes que nous avons engagés se fatiguent vite, et nous sommes souvent obligés de prendre des rameurs supplémentaires. En général, les Indiens ne sont pas capables d'un effort prolongé, ils font grand bruit pour quelques ampoules insignifiantes que le maniement inaccoutumé de la rame a produites sur leurs mains. Pourtant nos hommes se comportent mieux que nous ne nous y étions attendus; mon *boy* est un garçon plein de bonne volonté, toujours prêt à s'offrir chaque fois qu'il peut m'être utile.

Nous avons emporté une corde de halage, mais je ne sais quand nous pourrons nous en servir; les rives sont complètement submergées. Maintenant, du reste, la navigation devient moins difficile; les îles nombreuses, éparses dans le lit du fleuve, rompent la violence du courant; nous bénissons ces obstacles salutaires, mais le plus souvent nous ne les voyons pas : ils sont enfouis sous les eaux, et c'est à peine si le sommet de quelques arbres plus élevés que les autres, rasant nos barques, nous signale leur présence.

De Dawson-City.

Nous sommes au jour le plus long de l'année :: le 21 juin; le soleil ne disparaît de l'horizon qu'à onze heures un quart, et son disque radieux se montre à l'orient un peu avant minuit; ainsi, nous ne le perdons de vue que pendant quarante minutes, tant nous sommes près du cercle polaire.

A neuf heures du matin, nous apercevons une troupe de visages blêmes campés à l'embouchure de la rivière Klondyke; nous saluons les chercheurs d'or par une décharge de revolvers, de carabines, de fusils. Ils nous répondent de même.

La température étant très élevée, nous devons suspendre notre marche pour dormir quelques heures sur le rivage. Nous nous remettons en route le soir, aimant mieux, par cette chaleur torride, voyager la nuit que le jour. Au matin, nous entrons dans une baie au fond de laquelle sont groupées, autour d'une cinquantaine de maisons, quelques centaines de tentes. Nous sommes à Dawson-City, à peine née et autour de laquelle évoluent déjà huit mille mineurs. Servant de port à la vallée du Klondyke, Dawson ne sera jamais désertée comme Fort-Miles et Circle-City. Elle s'étend sur une vaste plaine presque au niveau du fleuve, sur la rive gauche du Klondyke, et sur la rive droite du Youkon. Elle est à quelques kilomètres d'un fort de création récente qui a remplacé le fort Selkirk, abandonné aujourd'hui. La ville fondée par Joe Ladue, le mineur colombien, est entièrement bâtie sur le territoire appartenant au géologue dont elle porte le nom. Nous nous élançons à terre et nous distribuons des poignées de main à tout le monde. Dans cette foule cosmopolite, nous reconnaissons des Canadiens, des Chinois, des Américains, quelques Anglais. M. Fournier est le premier Belge, MM. Dubray, de Parpeix et moi, les trois seuls Français qui visitons les districts aurifères de l'Alaska. Notre voyage a duré trois mois...

... Rien n'est négligé par des Canadiens amis pour rendre notre séjour agréable à Dawson-City, et pourtant le temps que nous y passons nous permet d'apprécier combien est rude la vie que mènent les mineurs. Des légumes bouillis à déjeuner, des légumes bouillis à dîner, des légumes bouillis à souper, voilà quel est le fond du régime alimentaire. Les gourmets ajoutent une tranche de lard. Le Klondyke est tellement inaccessible qu'il faut emporter ses vivres avec soi.

Des rumeurs circulent. Les pauvres mineurs courent le risque de mourir de faim pendant l'hiver, mais par contre ils auront une gazette officielle dont nous avons fêté l'apparition du premier numéro, le 17 juillet. La voilà bien l'excentricité américaine dont M. Brunetière ose nier l'existence ! Ce journal, publié à Dawson-City, coûte 3 fr. 75 (1) le numéro ou 100 francs pour l'abonnement d'une année. Le *Clondyke News* contient tout ce qui peut attirer les mineurs. C'est ainsi que dans le premier numéro, il y a deux colonnes d'annonces, en tête desquelles on lit la réclame suivante : « Lecteur, allez au « Klondyke », vous trouverez une salle de danse avec de bonne musique, de bons compagnons et d'excellents vins. » Le propriétaire fait remarquer aux amateurs qu'aucun mineur ne sera volé dans son établissement et qu'on y joue au poker à table ouverte.

Le directeur-rédacteur-compositeur du *Clondyke News* est venu s'établir à Dawson-City comme pionnier de la publicité. Il a amené des compositeurs avec lui. Mais ceux-ci ont préféré acheter des claims et se mettre à la recherche de l'or au lieu de prendre

---

(1) Et non pas 35 francs ! comme l'écrivent certains journaux français.

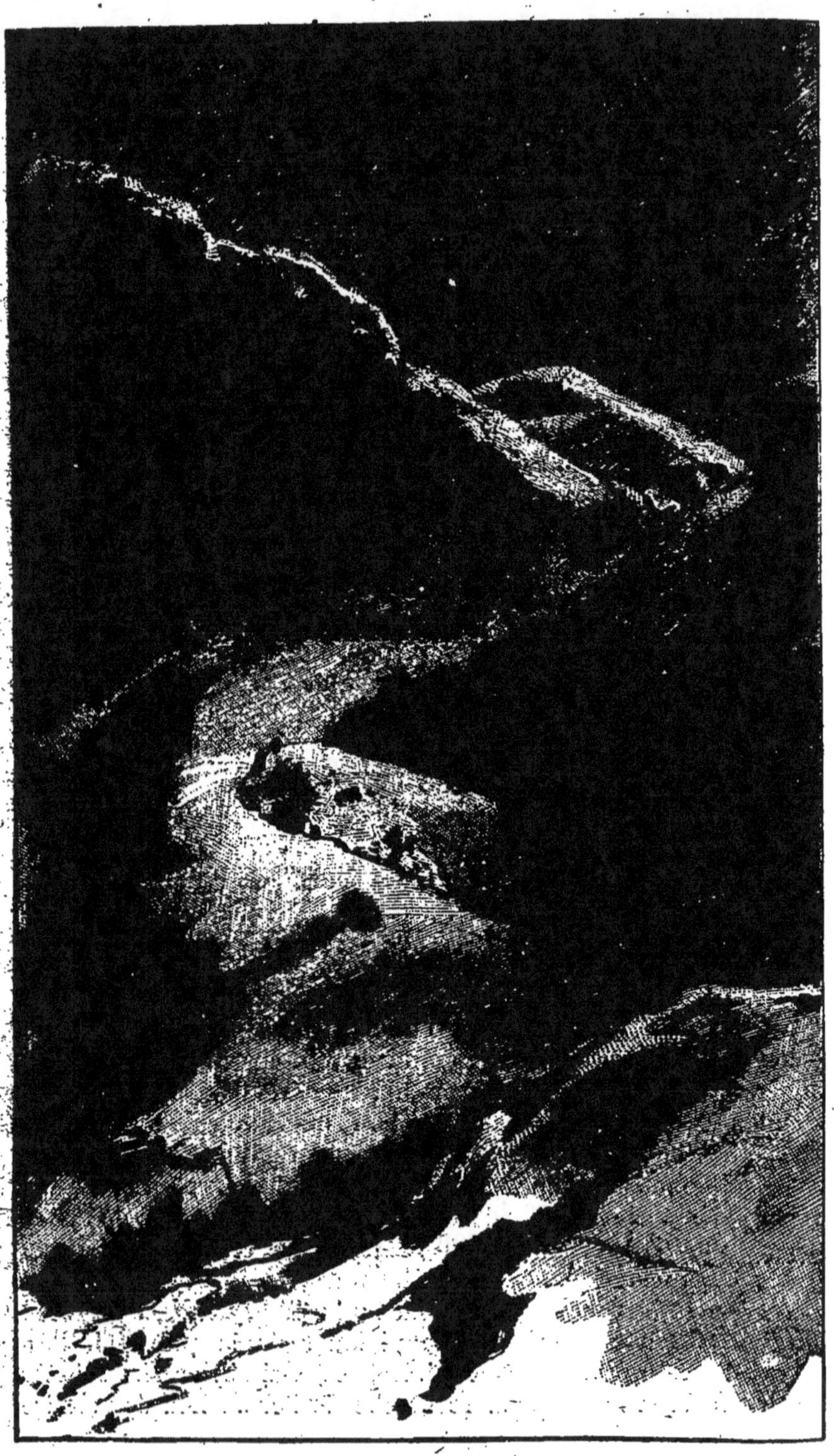

LA PASSE DU CHILKOOT.

VUE DE SITKA.

des lettres dans des cases *ad hoc*. Il en résulte qu'on n'a guère le temps de valser dans la belle salle dont il parle à ses lecteurs.

.... Des nouvelles à sensation courent parmi cette population flottante qui s'accroît de jour en jour. D'après les uns, le gouvernement canadien nous envoie la police montée, établit des relais pour le service postal, une ligne télégraphique entre Juneau-City et le lac Labarge. D'après les autres, le beau sexe escalade les passes pour avoir sa part du gâteau doré que la Providence nous offre.

Un Canadien, M. Proteau, nous assure que le thermomètre est descendu l'hiver passé à 53 degrés au-dessous de zéro ! Et les moindres cabanes coûtent 6,000 francs, et le sac de farine vaut 80 dollars ! Pauvres mineurs !

De la rivière Klondyke. — Les claims.

Nous quittons Dawson-City pour entrer dans la rivière Klondyke. Les porteurs nous remorquent à la corde. Les canots sont attachés ensemble. Sur trois d'entre eux, nous avons dressé une tente, et nonchalamment étendus nous passons le temps à fumer, à deviser ensemble ou à sommeiller, suivant notre humeur. M. Thorp nous a devancés pour prendre possession de nos cinq claims (1). Nos repas se font à bord ; deux fois par jour cependant, nous descendons sur le rivage où nous allumons du feu pour cuire le poisson, préparer le thé et le café ; mais ces haltes, les seules que nous nous permettons, sont d'ordinaire fort courtes. Notre voyage ressemble à une partie de plaisir, et lorsque nous nous rappelons la peine que nous avons eue à descendre le Youkon, nous sentons mieux encore la douceur du contraste.

De loin en loin, nous apercevons des mineurs. Nous laissons à notre droite un village indien abandonné depuis l'invasion. Nous achetons, à prix d'or, du saumon frais et un cygne dont la chair promet d'être excessivement tendre. Quelques indigènes possèdent, paraît-il, de belles pépites d'or qu'ils enfouissent dans les montagnes. Ils les ont cachées ainsi, faute de trouver un meilleur emploi de leurs capitaux après avoir acheté fusils, couvertures et couteaux dont ils ont besoin. En général, ceux qui ne s'éloignent pas à l'arrivée des blancs prospèrent vite.

Les eaux de la rivière sont couvertes d'embarcations, et nous sommes salués de temps à autre par des « confrères » qui tirent en l'air des coups de pistolet. Les mineurs vont par groupes, dans la plaine. Ils dressent des tentes et des baraques de bois qui contrastent avec les huttes de peau des indigènes, accouplées deux par deux.

(1) Un *claim* est la partie de terrain concédée à chaque mineur ayant payé patente.

Les chiens qui nous accompagnent font le voyage par terre, et
ce n'est pas pour eux une mince fatigue que de tourner autour
des roches, dont les rives sont fréquemment hérissées. Quand
nous passons d'un bord à l'autre de la rivière, ils nous suivent à
la nage, parfois sur un espace d'un kilomètre, à travers de vio-
lents rapides. Leurs maîtres habituels les laissent généralement
pourvoir à leur subsistance.

Nous nous attendions à rencontrer ici un nommé Lawrence, qui
aurait pu nous être très utile; malheureusement pour nous, il a
trouvé 700 livres d'or et il a quitté son claim avant-hier. Son empressement à regagner les États-Unis est facile à comprendre; il
revient dans son pays après fortune faite. Dès notre arrivée, nous
avons envoyé à sa poursuite un guide chargé, non de le ramener
ici, mais de lui demander de nous attendre; cet homme vient nous
apprendre qu'il n'a pu réussir à le rejoindre, Lawrence ayant trop
d'avance sur lui. La véritable raison, c'est que notre messager
s'est arrêté en route pour chasser.

... Nous sommes arrivés. Guidés par M. Thorp, nous déployons
pendant deux semaines une activité fiévreuse, puis le décourage-
ment nous prend.

Pendant l'hiver, la neige et la glace, et pendant l'été, le sol
boueux et les hautes eaux, sont autant d'obstacles pour les mineurs.

Le Klondyke est un des plus petits affluents du Youkon, dans le-
quel il se jette a environ vingt milles du 141° méridien de Green-
wich. La situation dangereuse des émigrants écarte les gens de
faible constitution. Généralement les « Klondykers » sont des gars
robustes qui ne craignent pas la besogne. Ceux qui arrivent isolé-
ment choisissent un *pard* ou associé dont ils ne sauraient se passer. Ils adoptent presque tous la tenue des Indiens du Nord : des
bottes en peau de phoque, le pantalon de daim; la *parka*, pelisse
en peau de lynx avec un capuchon qui se rabat sur la tête et dont
les poils abritent le visage contre le vent qui double l'intensité du
froid. C'est ainsi équipés qu'ils affrontent les rigueurs de l'hiver
polaire et qu'en été, débarrassés de leurs *parkas*, ils travaillent dans
l'eau jusqu'aux genoux.

C'est ici, dans ces terres boueuses charriées par les glaciers,
que se trouve l'or en parcelles ou en pépites. Des géologues ont
prouvé que ce métal provient du sud, des veines de quartz, désagré-
gées par des torrents. Plus lourd que la terre, il tombe dans les
interstices des rocs ou il forme des « poches », suivant une expression courante.

Tous les chercheurs d'or avec lesquels nous vivons sont hantés
par une idée fixe. Si riches que soient leurs claims, ils en rêvent
toujours de plus productifs. Beaucoup se lassent d'un travail régu-
lier mais assuré. Ce qu'ils préfèrent à tout, ce sont les divines émo-
tions du jeu, les chances à courir vers une fortune subite. Leurs

idées vagabondes les poussent à « prospecter » sans cesse. Ils se
transmettent les uns aux autres, avec une naïveté exquise, des
légendes dorées. Ils pensent que dans les montagnes, inaccessibles
jusqu'à ce jour, un grand linceul de neige couvre l'or en blocs.

Un rapport publié tout récemment par un savant professeur,

ASCENSION D'UNE MONTAGNE.

M. Wright, fortifie leurs croyances : « En Californie, dit ce dernier, on n'a pas trouvé la « mine mère », mais on a découvert le
quartz. Il en sera de même dans l'Alaska. La mine mère doit
exister au point d'origine des glaciers qui alimentent les cours
d'eau aurifères. L'existence des veines d'or dans les dépôts de
glace n'est contestée par aucun géologue. J'ai constaté moi-même
la présence de l'or aux Etats-Unis, charrié par les glaciers du Ca-

DAWSON-CITY.

nada au lac Supérieur. Dans l'Alaska, l'or provient de moins loin. Un jour viendra où des mineurs remonteront le cours des torrents et trouveront, eux aussi, des placers de plus en plus riches. » Mais ce jour est loin; bien des années se succéderont avant qu'une telle nécessité se produise.

Les chercheurs d'or du Klondyke ne ressemblent pas aux mineurs californiens dont les romanciers ont exploité le type. Les *tramps* aux longues moustaches, — tel celui qui disait au baron de Kervyn: « Je n'ai plus d'ennemis : j'ai tué le dernier ce matin. *I killed the last this morning* », — sont devenus aussi rares que les bisons dans les plaines du Nord-Ouest canadien. Ils ne vont pas à l'aventure, le pic d'une main, le revolver de l'autre, franchir les rivières et les déserts, prodiguer à tout hasard leur jeunesse et périr misérablement devant une table de jeu, la poitrine fouillée par un couteau mexicain. Les *selfmade-men* d'aujourd'hui ne sont pas des enfants perdus de la civilisation. A l'audace aventureuse d'autrefois, ils ont opposé l'action méthodique et réfléchie. L'énergie est la même, mais le mineur du Klondyke est plus économe de ses forces. Son labeur n'est pas moindre non plus que son espoir du succès.

Avec tous les explorateurs de l'Amérique boréale j'insiste sur ce point qu'un Européen ne doit pas entreprendre un voyage dans l'Alaska avant le mois de mars. D'ici quelques années, bien des claims demeureront inoccupés. La place ne manquera pas aux retardataires. Plus de cent mille mineurs peuvent camper au long des creeks du Youkon, sans être à portée de vue les uns des autres. Et par delà le champ d'exploitation restreint où nous opérons, il en est d'autres aussi riches. A mesure que le pays se peuplera, on poussera plus avant, et des placers aussi productifs se révèleront.

Le travail d'été est limité à deux ou trois mois, suivant les années. Mais une méthode déjà ancienne permet d'utiliser les mois d'hiver. On fait dégeler le sol en allumant des feux, dont on ramène les cendres mélangées de sable que l'on met en tas. Ce sont ces détritus qui sont lavés rapidement dès l'apparition des beaux jours. On creuse ainsi de proche en proche, on enlève la terre mélangée de cendres, jusqu'à ce que l'on arrive à mettre à nu la roche vive, à laquelle il devient impossible de s'attaquer, car ce n'est plus la gelée qui rend solide la couche à laquelle on arrive, c'est sa nature pierreuse. Il n'y a aucun intérêt d'ailleurs à pousser plus loin ces fouilles; la géologie nous apprend que l'or ne se trouve pas dans cette roche de formation quartenaire.

Outre une patente de mineur qu'il est indispensable de se procurer et un droit d'achat pour prendre possession des claims, le gouvernement canadien prélève une taxe de 10 pour 100 sur le travail des mineurs. Ce revenu lui permet d'exécuter les travaux utiles aux exploitations, car, d'après la loi, ces revenus doivent être consacrés exclusivement aux mines.

Quand les compagnies financières d'Europe s'établiront aux rives du Youkon, elles devront consacrer une partie de leur capital à l'acquisition des claims, en tenant compte toutefois de la situation anormale d'un pays qui ne produit rien et où l'on a besoin de toutes les ressources de la civilisation. A cause des coupes déréglées, les forêts reculent de jour en jour. Par bonheur, des mines de charbon, encore inexploitées, viennent d'être découvertes par un ingénieur des Etats-Unis.

Le gouvernement canadien a compris ses responsabilités. Craignant la famine qui va sévir l'hiver prochain, par des avis multiples, il a prévenu les mineurs des dangers qu'ils couraient. Mais c'est en vain qu'il a tenté de mettre un terme à cette invasion de gens avides qui de tous les coins de l'Amérique se précipitent au Klondyke (1). Comme nos provisions s'épuisent, nous avons l'intention de regagner la Colombie anglaise par le dernier vapeur qui fera le service de Saint-Michael à Vancouver, avant la fermeture de l'Océan par les glaces polaires.

Il est écrit que nous ne reviendrons pas millionnaires. Un soir, toutefois, l'ingénieur découvre plusieurs pépites, sur le claim de M. Dubray. Tout le monde s'y précipite; en une semaine nous avons extrait des boues du Klondyke pour 30,000 francs de poudre d'or (2). Mais personne, à la vérité, n'a la bonne fortune de mettre la main sur des lingots d'un grand prix. Nous n'avons pas trouvé de quoi couvrir les frais de notre expédition, et notre ingénieur se désole ! Si l'Eldorado de l'Alaska enrichit quelques heureux, il fait aussi des victimes (3).

Le Klondyke, cependant, possède des richesses considérables. On cite tel mineur qui, en un jour, a lavé *dix* kilogrammes d'or. J'ai moi-même tenu dans mes mains des lingots d'une livre. Mais quand on examine les choses de près, on ne tarde pas à s'apercevoir que bien des ombres se mêlent à ces brillantes perspectives.

(1) On évalue à 6,000 le nombre d'individus qui ont tenté, l'automne dernier, de traverser les montagnes au delà de Juneau. Ces individus, la plupart Américains, conduisaient 3,200 chevaux chargés de provisions. 200 à peine ont pu franchir la White Pass et 700 celle du Chilkoot. Ils ont dû camper tout l'hiver près du lac Bennett, à soixante-quinze jours du Klondyke.

Des 3,200 chevaux, 200 seulement restaient en octobre 1897, et les sentiers étaient jonchés de cadavres et de tombes. De nombreux aventuriers avaient préféré revenir sur leurs pas, (C. S.)

(2) Sur le territoire américain, M. Fritz Behnson aurait trouvé, dans les crevasses d'un rocher, 250,000 francs d'or en un jour, sur les bords du Youkon.

(3) Par suite de la rigueur du climat et du manque de ressources au Klondyke, un grand nombre de mineurs sont dans un dénuement complet, enfermés presque sans vivres dans les glaces. Le gouvernement américain s'est préoccupé de leur venir en secours. Un détachement d'infanterie emportant 200 tonnes de vivres a quitté Portland, dans l'Etat d'Orégon, pour se rendre au Klondyke, mais comme cette région est en territoire canadien, le gouvernement d'Ottawa a défendu aux troupes américaines de passer la frontière. On prévoit cependant que l'entente entre les deux gouvernements ne tardera pas à se faire.

De divers côtés, d'ailleurs, des expéditions de secours s'organisent pour le Klondyke. (C. S.)

Les dépenses d'exploitation sont d'ordinaire très lourdes; c'est seulement après un travail acharné qu'on arrive à tirer quelque profit. En attendant, il faut vivre. Les denrées les plus indispensables, la viande et le pain se vendent des sommes insensées; quant à la main d'œuvre, elle est d'un prix exorbitant; nous payons les Chinois que nous employons sur nos claims *cinquante francs par jour, parce qu'ils travaillent pour rien!*

Les pionniers les plus hardis, ceux mêmes qui se sont endurcis à la fatigue dans les gisements colombiens, ne parviennent pas tous, tant s'en faut, à faire fortune. La fin déplorable des mineurs morts cette année même dans l'Alaska, montre combien il est difficile, même dans les circonstances les plus favorables, de réussir en ce pays.

Ceux qui réalisent des salaires sont les hôteliers, les marchands de comestibles, les tenanciers de bars ou de salles de jeu, et dès qu'ils sont installés, on s'aperçoit vite que pour extraire un dollar il faut parfois en dépenser deux!

Étienne RICHET

PÉPITE D'OR (FORME ET GRANDEUR NATURELLES).